그리고 아무 말도 아니다

주영만
시집

White
Wave

시인의 말

고요에 잠겨 있는 풍경(風景)을 보면 나도 그 풍경이 되고 싶었다. 그 풍경이 되어 그 풍경의 고요에 잠기고 싶었다. 그 고요에 깊숙이 잠기어 그 고요 너머의 그 바깥에, 그 바깥에 가닿고 싶었다.

주영만

목차

시인의 말　　　　　　　　　　　　　　　3

1부

전전(轉轉)하다　　　　　　　　　　　11
풍매(風媒)라는 것　　　　　　　　　　12
나뭇잎과 그림자　　　　　　　　　　　13
평범(平凡)해진다는 것　　　　　　　　14
벤치와 겨울 햇볕　　　　　　　　　　15
조춘(早春)　　　　　　　　　　　　　16
구겨진 종이　　　　　　　　　　　　　18
물의 그리움　　　　　　　　　　　　　20
평범하고 고요하게　　　　　　　　　　21
입춘(立春)　　　　　　　　　　　　　22
우산과 오솔길　　　　　　　　　　　　24
구겨짐의 미학(美學)　　　　　　　　　26
낙화(落花)　　　　　　　　　　　　　27
새벽　　　　　　　　　　　　　　　　28
불면(不眠)　　　　　　　　　　　　　30

백로(白露)	32
겨울비	33
가을처럼	34
안과 바깥 1	35
안과 바깥 2	36
안과 바깥 3	37
안과 바깥 4	38
안과 바깥 5	40
안과 바깥 6	42

2부

고독에서 고독으로	45
율동(律動)	46
침묵이 흔들려요	48
덩그러니	49
홀가분하다는 것	50
먼지처럼	52
사라지거나 돌아오거나	54
흘러가거나	55
나뭇잎과 바람	56
서서 잠든	57
즐거운 산보(散步)	58
11시 15분	60
나는 너에게 너는 나에게	62
대화(對話)	63
잎이 진 빈 가지처럼	64

눈물 같은 노래	66
단풍이 오는 길	67
봄볕은 슬금슬금처럼	68
봄, 저 절대의	70
거리(距離)	72
아무 까닭도 없이	74
귀로(歸路)	76
시간(時間)에 대하여	78
오해(誤解)	79
우연이거나 찰나이거나	80
일부러	81

3부

균형(均衡)	85
또 하루를 일컬음	86
내심(內心)	88
겨울 강에서	90
물이 오른다는 것	92
순명(順命) 1	93
순명(順命) 2	94
순명(順命) 3	95
순명(順命) 4	97
순명(順命) 5	98
첫눈	99
길을 가다	100
눈길	101

숨길	102
흰	103
그리고 아무 일도 아니다	104
망초	107
봄바람은 돌고 돌아와	108
봄비의 은유	110
진달래꽃	112
해가 지려할 때	113
그 어둠은 깊고 푸르다	114
	해설		119

1부

전전(轉轉)하다

둘레에서

어둑어둑하지만 은은하고 비스듬한 둘레의 가장자리 한 모퉁이에서

조그만 풀씨처럼

언뜻 비친 한 줄기 햇살처럼

바람처럼

갔다가 다시 오가면서

둘레는 끝이 없겠지?

풍매(風媒)라는 것

송홧가루가 날린다 꿈꾸듯 흔들린다

결국 혼절해 버린다는 뜻일까

  스며들어 은은하게 번지는 그 분(粉)내, 경부선 기차는 아득히 남쪽으로 떠나가고 기찻길 옆 막다른 골목 끝에서는 며칠 동안 부풀어 오르는 가슴으로 홀로 배회하던 소년이 따스한 오후의 봄 햇살을 가득 품고 지긋이 눈 감은 채 라, 라, 라―, 아이 부끄러워라, 발그레 달아오른 소나무처럼 서 있었다 바람이 분다 오, 치명적인 그 바람의 살의(殺意),

나뭇잎과 그림자

나뭇잎의 그림자가 미세하게 흔들리고 있다
가볍지도 무겁지도 않지만
단순하고 깊다
여름의 한낮이 무료했을까
고요의 끝에 가닿았을까
나뭇잎과 그 그림자의 나른하고 무량한 여백 사이로
한바탕 상쾌한 바람이 지나갔다
홀연 한바탕 상쾌한 바람이 지나갔다
하루의 낱장이 넘어가는 것처럼
동시에 나뭇잎과 그 그림자도 사라졌다

아무런 흔적도 없이 사라진 그 자리에 여래(如來)처럼 허망(虛妄)이라는 말이 잔잔하게 웃고 있었다

평범(平凡)해진다는 것

　가을이 되니 풀벌레 소리들은 문득 평범해지네 햇살은 여름보다 얇게 펴져 평범해지네 구름 한 점 없는 하늘은 투명하고 푸르게 높이 올라가 평범해지네 나뭇잎들이 나날이 점점 더 붉게 혹은 노랗게 단풍으로 물들어 가는 것은 해 질 녘의 붉게 달아오른 노을처럼 평범해지고 싶은 간절한 마음, 죽음은 평범으로 이르는 길이네 몇몇 마음이 급한 나뭇잎들은 이미 뒤안길에 떨어져서 평범해지네

　평평해지게나 부서지게나*

　바람은 아무 일도 없다는 듯이 봄 여름 가을 겨울을 지나 평범해지네

*이슬람 수피교단의 창시자이자 시인인 '메블라나 젤라레딘 루미'(Mevlana Celalleddin Rumi, 1207~1273)의 시 「내면에는 가을이 필요하다네」 중에서 인용함. 유네스코는 2007년을 '루미의 해'로 선포하기도 했다.

벤치와 겨울 햇볕

양지바른 벤치에 앉아 겨울 햇볕을 끌어모으네

겨울 하늘의 고요도 벤치에 가만히 내려와 눈을 감고 앉아 있었네

며칠째 겨울바람과 함께 주위를 배회하던 물컹한 근심은 아무런 기척도 없이 다가와 슬그머니 고요 옆에 앉았네

나는 지극하다는 말을 오랫동안 생각하네

벤치에 겨울 햇볕이 수북이 쌓이네

벤치에 겨울 햇볕이 또 수북이 쌓이네

근심의 호흡은 이제 길게 늘어지고 나른하고 평평하고 세밀하고 다시 촘촘해지네

조춘(早春)

들어오지 못하고 어설픈 문장처럼 문밖에서 머뭇거리며 서 있어요

군데군데 먼 기억의 유골인 잔설(殘雪)이 몸을 허물고 있어요

한 번은 나목 한 그루를 마주하고 그 표정을 들여다봐요

한 번은 먼 데 산을 가만히 바라다봐요

시절은 점점 야위어 가요

으쓸한 바람은 점점 메말라 가요

하루 종일 집은 텅 비어 있어요

또 한 번은 생각에 잠겨 있는 다른 나목 한 그루를 우두

커니 쳐다봐요

　나무의 빈 가지에는 아직도 겨울이 매달려 있어요

　나무의 빈 가지에는 아직도 쓸쓸한 겨울 햇빛이 비스듬하게 매달려 있어요

　당신의 발걸음처럼 서툴고도 서툰 오후,

　따스한 봄날이 와도 당신은 문안으로 들어오지 못할 거예요

구겨진 종이

구겨진 종이를 펼친다

엊저녁의 손아귀에서 풀려난 구겨진 것들, 의미(意味)를 버린 몇 개의 글자들, 그 끄적거림들, 서툰 그림의 풍경, 그 풍경 속의 길과 구름과 바람, 그리고 그 바람 속을 걸어가는 그도 심하게 사정없이 구겨져 있다

직선(直線)이다 멀리 온 한 생(生)처럼 온통 직선(直線)으로 구겨져 조각나 있다

옆에서 비스듬히 흘러들어 오는 빛은 종이를 명(明)과 암(暗)으로 구별되게 하기도 한다

움푹 들어간, 어두운 곳에 있는
잔뜩 구겨진 그의 목과 어깨와 허리는 아직도 몹시 아프겠다

다시 거울 앞에 돌아온 종이의 내심(內心),

곡선(曲線)이 필요하다

물의 그리움

여울목을 지나 겨울은 물의 안쪽으로 물의 길을 따라 흘러가네

휘돌다 물방울들이 튕겨 오르는 물의 그리움이여

흘러 흘러,

명징하면서도 아득하기만 한 물의 노래처럼 흘러 흘러,

얇고 투명한 살얼음이 덮여 있는 물의 속을 저 높은 곳에서부터 내려오는 하늘처럼 넋 놓고 들여다보네

오, 덧없는 한나절의 겨울이 사무치네

살얼음 아래의 물속에서는 멈춘 듯 흐느적거리는 듯 낮게 가라앉아 있는, 물고기의 맑은 눈 같은, 눈물겨운 그 선한 꿈의 사랑아

평범하고 고요하게

 한 가지 생각을 지극히 붙잡고 있다가도 해 질 무렵 외딴 오두막집의 굴뚝을 빠져나온 연기(煙氣)가 스스로 제 몸을 허무는 것처럼 그 생각이 그 생각을 슬그머니 놓아 주는,

 날마다 오늘인 것처럼

입춘(立春)

그는 늘 창밖에 있었다

나는 고독처럼 겨울처럼 창 안에 갇혀 있었다

묵화(墨畵)처럼

소리는 없고 풍경(風景)만 흐르는 창밖,

나는 동면(冬眠)처럼 고요하고 묵정밭처럼 길고 긴 황량한 겨울을 흘려보내다가

고요하고 길고 긴 황량한 그 겨울을 흘려보내다가

오늘 아침에는

봄처럼 봄 청소를 하는 것처럼 창문을 활짝 열어젖혔다

스멀스멀 움직이는 이 아침,

넘실넘실 움직이는 이 아침,

경쾌한 바람과 함께 그의 소리가 들려왔다

완만하지만 즐거운 탄력이다

우산과 오솔길

우산은 숲속의 오솔길로 들어가고 있다

추적추적 숲으로 우산으로 빗방울들은 터지고 있는데

우산은 오늘 두 손만으로는 모자라기 때문에

비는 우산 안으로 들이치고 있다

오르막 내리막을 천천히 오르내리면서도 비는 우산 안으로 더 깊숙이 들이치고 있다

점점 더 젖어 가는데

생각은 점점 더 젖어 가는데

한 걸음 또 한 걸음

숲속에서 웅얼거리는 빗소리, 그리고 청량한 새소리

우산은 바람처럼 그대처럼 오솔길에서 잠깐씩 잠깐씩 걸음을 놓치고 있다

구겨짐의 미학(美學)

이제는 말을 놓기로 했다

반질반질하고 빳빳한 것에 대해 항복했다 항복이라고 하니 아주 대단히 거창한 것 같으나 반동이나 거부로 인한 것이 아닌 이 나이의 주름살 같은 또 다른 종류의 수용(受容)이다 혁명은 없다는 것을 이미 애당초 눈치채고 있었지만, 또 흘러오고 흘러가는 세월을 어떻게 대할지도 아직도 모르지만 이제 대대로 내려온 전통도 뭇 시선도 사소한 결례(缺禮)조차도 더 이상 개의치 않고 구겨지더라도 그냥 말을 놓고 자연스럽게 낡고 후줄근한 편안한 자세 그대로 몸을 놓아 버리면 된다

좀 구겨지면 어떠랴?

낙화(落花)

  봄에, 따스한 봄볕이 등 뒤에서 나를 까무룩 끌어안은 봄에, 이 세상 온통 하얗게 벚꽃이 만발한 봄에,

  나는 그 벚꽃의 아름다운 낙화(落花)에 대하여 생각한다

  사랑아,

  흩날리면서 쓰러지는, 서럽고 아득하게 너의 문답(問答)처럼 황홀(恍惚)처럼 그리고, 눈물처럼 흩날리면서 쓰러지는

새벽

1.

밀려오네
밀물처럼 겨울의 또 하루가 밀려오네
깊고 푸른 길을 따라 흘러가는
어둠처럼
배는 이미 떠나갔는데
그 하루는 먼바다로 이미 떠나갔는데
기억처럼 떠다니는 몇 개의 성근 눈송이,
또 오시는가?
잠이 덜 깬 스산하고 비릿한 조그만 포구(浦口)의 새벽,

2.

조촐하게 웃네
조각달처럼 그이는 이 봄의 바깥에서 조촐하게 웃네
골짜기의 물길을 따라 떠내려온
마른 잎처럼
또 오시는데

그 바깥의 그이는 또 오시는데
산처럼 눈물처럼 맑게 들뜬 봄빛,
또 가시는가?
젖은 발을 툭툭 털고 희미하게 밝아 오는 먹과 흰 새벽,

불면(不眠)

둥글게 뭉쳐져서 잘 풀어지지 않는 응어리가 있다 어둠 속에서도 은은한 잔광(殘光)을 품고 있었고 눈을 감고 잠을 청해도 바위 덩어리처럼 도무지 사그라지지 않았다

곰 한 마리, 곰 두 마리, 곰 세 마리,

멈추지 못하는 회로처럼 계속 돌아가기도 했다
부유하듯 둥둥 떠다니기도 했다

별 하나, 별 둘, 별 셋, 그 갈림길에서 다른 길로 갔었으면? 풀잎 같았던 그 옛날 그 소녀는 어디로 갔을까? 끝까지 다 못 본 그 영화 속에서 알렉스와 미셸은 희망봉(希望峰)에서 다시 만났을까? 그는 결국 바깥에 가닿았을까?

그물에 걸린 바람처럼,

뒤척이면서 뒤척이면서 꽃 한 송이, 꽃 두 송이, 꽃 세 송

이, 오, 불면아! 잠자리를 박차고 밖으로 뛰쳐나와 스러지는 별빛을 바라보며 조심스럽게 아주 조심스럽게, 천천히 그 어둠을 그 광야(曠野)를 건너갔다

    나를 등지고 떠나가는 고독처럼, 그 별빛처럼,

    스멀스멀 밝아지기 시작하면서 동쪽 하늘에서부터 불면은 새벽처럼 또 하나의 허무처럼 마침내 뭉그러지면서 그 응어리를 풀어내고 있었다

백로(白露)

또 하루가 저물어 간다, 나도 저물어 간다, 눈물겹게 풀잎에 맺힌 이슬이 부끄럽다

그 풀잎에 바람이 잠시 머물렀다

겨울비

겨울비가 오시네

내리는 듯 마는 듯 이슬비 같다가 언 땅에 부딪쳐 싸라기별처럼 흩어지는 싸락눈이었다가 길가에 남아 있는 잔설 위로 뭉텅 낙하하는 젖은 눈발이었다가 이제는 다시 흠뻑 젖었던 그이의 그 옛날 겨울비처럼 오시네

겨울비가 오시네

겨울비가 또 오시네

겨울비는 겨울, 겨울 하면서 새봄의 먼 산 소쩍새 울음처럼 그이의 발자국 소리처럼 내 안의 깊고 연하고 부드러운 구석구석을 낮게 어루만지고 돌고 돌아 그 옛날처럼 오시네

가을처럼

   푸른 하늘의 싱그러운 바람처럼, 공원 놀이터에서 뛰노는 아이들의 말간 볼이 터지는 것처럼, 작은 숲의 풀벌레와 새소리들처럼, 들판이 누렇게 익어 가는 것처럼, 하얀 억새가 흔들리는 것처럼, 단풍이 천천히 물들어 가는 것처럼, 그리고 낙엽이 하나둘 떨어지는 것처럼,

   웃네

   푸른 하늘의 뭉게구름이 떠 있는 것처럼, 뭉게뭉게 헤벌어진 것처럼 헤벌어진 것처럼, 그리고 서두르지 않으면서도 넉넉하고 평평한 것처럼,

   푸른 하늘의 걸음으로 오는,

   그 바깥의 걸음으로 오는,

   가을처럼

안과 바깥 1

오늘도
걷는다
쓸쓸한 바람처럼 고독(孤獨)처럼
안에서 바깥으로
바깥으로

안과 바깥 2
— 고요

종(鐘)소리의 안에서
잔뜩 웅크리고
있네요

그 고요가 흘러넘치네요

바깥에는 둘레가 없겠지?

푸른,

그 작은 점(點) 하나,

안과 바깥 3
— 이별(離別)

이별은 문밖에서 한 그루의 키 큰 나무처럼 서 있어요

되돌아보면서,

내색도 없이,

흐르는 강물과 멀리 겹으로 누운 산 능선과 하늘의 구름과 한 계절의 눈부셨던 햇살과 찰나처럼 스치고 지나갔었던 바람과 아득했었던 숲속의 새소리들, 그리고 마지막으로 잊자는 말처럼 한없이 텅 빈 이별을 통째로 가슴 안으로 들여오고 있어요

안과 바깥 4
— 망각(忘却)

놓아 버리지

강을 다 건너고 이제 타고 온 뗏목을 놓아 버릴 때가 되었지

그대여,

지금까지의 세월도, 기쁨과 슬픔으로 넘어온 숱한 고개들과 기억(記憶)들도, 그리고 정성을 다해 직접 몸 밖으로 내놓은 그 사랑마저도 집착(執着)처럼 조그만 텃밭의 솎아 내면 솎아 낼수록 끊임없이 다시 돋아나는 한여름 잡풀 같은 것이지

결국 붙잡지 않고 모두 <u>스스로</u> 떠나게 하지

목이 마르지

메마르고 메말라서 먼지처럼 가벼워지지

점점 더 목이 마르지

안에서 바깥으로 들어가는 길이지

안과 바깥 5
— 섬망(譫妄)

너는 바깥에서 눈빛이 반짝거리지

사연이 많지

오래전부터 전해 내려오던 것들이 오늘의 것처럼 되살아나기도 하지

눈부신 햇살이 비집고 들어와도 아직 많이 부산하지

으쓱하면서 얼굴이 환해지기도 하지

새로운 전설이 되지

그리고, 흘러가는 바람이 되지

벌써 다 지나간 여름인 것 같았다가, 혹은 철이 없는 가을인 것 같았다가

아주 진지하게,

강 건너에 있는 것처럼 너는 두 손을 크게 휘저어 가며 나에게 손짓하기도 하지

나는 유리창 안에 갇힌 벌처럼 웅웅거리기만 하지

안과 바깥 6
— 안은 바깥이고 바깥은 안이다

어두워지면서 창문으로 밀물처럼 어둠이 흘러들어 온다 밀물처럼 어둠이 흘러들어 온다 오, 캄캄한 어둠이다 드디어 안도 바깥도 없다 안은 바깥이고 바깥은 안이다

마주침처럼

하나의 순간처럼

죽음처럼

아득히 멀고 먼 하늘의 작고 희미한 별 하나가 캄캄한 어둠 속에서 조그만 돌멩이처럼 첫울음처럼 바람처럼 문득 홀로 서 있는 그를 가늘게 눈을 뜨고 내려다보고 있었다

2부

고독에서 고독으로

 고독은 고독하네 본래부터 고독하기 때문이라네 신(神)도 우주(宇宙)도 고독하다네 창백한 푸른 점*도 그 속의 흔적도 없을 것 같은 그 아주 작은 점 하나도 그저 도무지 고독하다네

 그 고독의 중심에서는
 신도 우주도 창백한 푸른 점도 그 아주 작은 점 하나도 어느 순간인가 애쓰지 않아도 결국 없어지고 만다네

 자유로운 고독이겠지?

*창백한 푸른 점 : 1977년에 발사한 인류 최초로 태양계 밖을 탐사하는 미 항공우주국(NASA)의 무인탐사선인 보이저 1호가 『코스모스』의 작가이자 천문학자인 칼 세이건(Carl Sagan)의 제안을 받아들여 1990년에 지구로부터 61억km 떨어진 태양계 끝에서 촬영해서 보내온 지구 사진(지구가 아주 조그만 점으로 보인다) - 칼 세이건은 이때에 사진 찍힌 지구를 '창백한 푸른 점(Pale blue dot)'이라 명명함.

율동(律動)

1.

그러니까, 뭐라고 할까? 섬세하게 흔들리는 파동이라고 할까? 진동이라고 할까? 봄으로부터의 그 미세한 울림이 온몸으로 전해져 오는 내밀한 율동에 나는 한동안 갇혀 살았었네 겨울을 지나온 빈 나뭇가지에 물이 오르는 것처럼 언뜻 겉으로는 알 수 없지만 낮고 가는 숨결이 있는 것처럼 미묘하게 울렁울렁 울렁이는, 아른아른 나른하고 아득하게 울렁이는, 그리고 어떨 때에는 그리움처럼 젖어서 울컥 전율처럼 진저리 치기도 하는,

요 며칠은 밤잠도 설쳤었네

2.

봄은 빈 가지에 이제 막 새 눈이 트인 나무들의 그 들뜬 봄빛과 잔잔하게 빛나는 당신의 그 조촐한 윤슬을 오로지 한 가지 마음으로 간직하고 있지만,

마침내 흔들리네, 저 먼 들판에서부터 뿌옇게 그렁그렁 눈물로 흐려지는 서러운 그 기약(期約)처럼 아지랑이처럼 마침내 당신은 흔들리네, 그 봄날처럼

침묵이 흔들려요

또 하나의 흐름이에요

어둠이 창밖으로 가만히 내려와 앉아 있는 것을 보았어요
강물처럼 불길한 예감처럼 어둠 속에서 그가 흐르고 있는 것을 보았어요

또 하나의 흐름이에요

다시 또 하나의 흐름이에요

창밖의 어둠은 흘러 흘러 다시 어둠이 되는 것을 보았어요
고개를 푹 숙이고 뒤돌아 흘러 흘러가면서 멀어져 가는 그가 끝내 어둠이 되는 것을 보았어요

침묵이 흔들려요, 어른어른 넘실넘실 그 깊은 밤의 어둠처럼 그 고독처럼 침묵이 흔들려요

덩그러니

봄, 봄, 봄,

고양이처럼 둥글게 홀로 몸을 말고 있는

남모르게 따스한 햇볕도 품어 보고 싱겁고 쓸쓸하게 목덜미를 쓸어내리기도 하고 늦은 밤에는 별빛들이 의식(意識)의 뒤안길에 쌓이게 내버려 두기도 하고

을숙도쯤이었을까

덩그러니,

구원(救援)처럼 조는 듯 하직하듯,

떠나가는 봄밤의 아득했었던 경부선 완행열차 그 기적(汽笛)을 품에 안고 해마다 철새들도 찾아온다는 어느 양지바른 그곳에서 눈을 감고 봄볕에 잘 달구어진 그리 크지 않은 바위에 기대어

홀가분하다는 것

1.

아침에 눈을 떠 보니 다시 나다 무슨 일인지 어디에서 어떻게 왔는지 알 수 없지만 이 우주에서 먼지처럼 이름 없는 풀씨처럼 날아와 우연처럼 그 가벼움처럼 불시착(不時着)했었던 이 초록별의 내가 아니던가? 높은 하늘처럼 푸른 산소처럼 투명하고 밝게 빛나는 아침의 나, 그리고 온종일 바람처럼 이곳저곳을 쓸고 다녀도 더할 나위 없이 가볍고 좋은 이 초록별의 내가 아니던가?

2.

한겨울에도 그이는 어디론가 홀로 간다 날마다는 언제나 같은 제목으로 반복하는 연극(演劇)이고 어제와 한 치의 오차도 없는 것 같지만 오늘도 오늘은 여전히 평평(平平)해지지 않고 또 오늘은 분명 어제와 새삼 다르지 않던가?

저물 무렵에는 빈 들판 한가운데에서 오늘도 오늘이 도무지 난감한 오늘의 그이에게는 반짝이듯 아프게 되살아

나는 한겨울의 또 하루의 기억처럼, 그리고 고독처럼 그 그이의 그림자가 길게 늘어진 채 매달려 있다

3.
시간 밖으로
홀로 가는 그 나(그이)는 홀가분하겠지?

먼지처럼

해변의 무수한 모래알처럼,

익명(匿名)의 바다처럼,

그 속의 하나로 숨어 있는 것처럼, 혹은 작은 무인도(無人島)로 스스로 홀로 서 있는 것처럼,

캄캄한 어둠처럼, 혹은 한 줄기 볕이 새어 들어오는 문이 살짝 열린 환한 기적(奇跡) 같은 그 사이처럼,

숨 쉬는 것처럼,

그냥 흔적도 없이 흘러가는 바람처럼,

서서히 멀어져 가는 기억(記憶)처럼,

그 너머의 푸른 하늘처럼,

결국 죽음처럼, 혹은 처음처럼,

결국 죽음처럼, 혹은 처음처럼,

둥둥 떠 있는

스러지면서 가만히 조응(照應)하는

먼지처럼,

사라지거나 돌아오거나

별바라기를 하고 있었다

사라지거나 돌아오거나 그는 그 겨울의 어느 영원(永遠)처럼 섬으로 있었다

흘러가거나

하늘은 하루 종일 잔뜩 찌푸리고 있었고 한 해(年)는 또다시 이미 저물었고 깊어 가는 겨울처럼 그 칼바람처럼 그 하루처럼 후회는 나날이 더 길게 늘어지고, 나날이 더 깊게 날카로워지고 살얼음 아래의 개울에서는 졸, 졸, 졸, 물의 노래처럼 지난날들처럼 오늘이 서럽게 흘러가고 있었지만,

시간 밖에서
반짝이듯 언뜻 떠다니는 몇 개의 작고 성근 기억(記憶)들,

흘러가거나 허구(虛構)이거나

나뭇잎과 바람

나뭇잎들이 하나둘 떨어지네

지상은 떨어진 그 나뭇잎들이 쌓이고 뒹굴고 쓸고 다니며 온통 어수선하네

바람 하나는 지나가는 듯하더니 옛 노래처럼 덧없는 기억(記憶)처럼 여기로 저기로 흘러 다니더니 갑자기 무슨 생각이 난 것처럼 고민하는 것처럼 고개를 옆으로 살짝 기울이면서 먼 데 산을 보며 어수선한 나뭇잎들과 함께 이 우주(宇宙)의, 그 늦가을의 어느 하루에 잠시 서 있네

우연이 우연인 것처럼

없는 사실처럼

서서 잠든
— 죽음에게 1

그 환부(患部)를 보여 다오
음지에서
보일 듯 보이지 않는 그 자각을 보여 다오
언제나
없는 듯 있는,
그러나 터진 물거품 같은,
어둠 속에서
달그림자처럼 서서 잠든,
스스로 허물어지는 그 허구(虛構)를 보여 다오

즐거운 산보(散步)

1.
돌아오고 있었다
봄, 여름, 그리고 울긋불긋 단풍 숲을 지나
비와 바람과 함께 늦가을이 오고 있었다
<u>스스로</u> 나무는
나뭇잎을 하나둘 내려놓으면서
나뭇잎을 하나둘 내려놓으면서
젖은 내면처럼
그 바람의 신앙처럼
돌고, 돌아
고독처럼
처음처럼 혹은 룰루랄라―, 즐거운 산보처럼

가을이 서둘러 그 끝으로 가더라도

2.
물이 오르고 있었다

날마다 오늘 같았던 초봄의 나뭇가지에는
볕과 바람과 함께 새순이 돋고 있었다
또다시 나무는
그 허구(虛構)를 마주쳤으니
그 허구(虛構)를 마주쳤으니
상쾌한 내면처럼
그 바람의 신앙처럼
그대로, 지금 있는 그대로
고독처럼
처음처럼 혹은 룰루랄라―, 즐거운 산보처럼

없던 것이 파릇파릇 생기다가 다시 없어지더라도

11시 15분

 그때, 나는 공원을 걷고 있었다 공원 한 모퉁이 3층 높이의 실내 배드민턴장의 외벽에 시계가 걸려 있었고 언제부터인지 모르지만 그 시계는 11시 15분에 멈춰 서 있었다

 분침(分針)은 부자연스럽게 팔을 옆으로 벌리고 있었고 시침(時針)은 아직도 골똘히 무슨 생각을 하고 있는지 고개가 살짝 왼쪽 옆으로 기울어져 있었다

 11시 15분은 모두 알고 있다

 시계는 그동안 하던 일을 모두 놓아 버리고 멈춰 서서 그 11시 15분을 잊지 않으려는 게다

 푸른 하늘의 구름과 새소리, 아이들 소리, 가을바람처럼 상쾌한 두 청춘 남녀의 발걸음과 연신 중얼중얼거리며 공원을 배회하는 간절한 한 사내의 기도(祈禱), 공원 한구석의 벤치에 홀로 앉아 먼 하늘을 올려다보는 햇볕의 긴 침

묵, 그리고 그 침묵의 쓸쓸함 혹은 반짝임,

　하나의 의지는 11시 15분에 끝내 화석(化石)이 되었다

나는 너에게 너는 나에게
— 죽음에게 2

1.
용케도 여기까지 왔지

나는 오랫동안 기대했지
네 앞에서 나를 뒤돌아볼 수 있기를, 마지막 그 순간을,

삐뚤빼뚤하더군
그래도 하모, 하모, 꿈만 같더군

2.
나는 항상 네 곁에 있었지

나는 너의 그림자 같은 것이지
마침내 끝에 가닿은 너를 기다리는, 아니면 네가 나에게 들어오는,

캄캄한 어둠이 아닌 어떤 환한 빛 같은 것일지도 몰라
그래도 하모, 하모, 또 꿈같은 것일지도 몰라

대화(對話)

나를 바라보아서

동글 새로운 눈짓이 생기는

울렁이는 새로운 운율(韻律)이 생기는

햇살이 쏟아지는

바람이 부는

너의 조그만 연꽃 봉오리가 은밀하게 열리는

말이 말이 되기도 전에

우리는 그저 달항아리처럼 웃는

잎이 진 빈 가지처럼

사진 찍힐 때마다 나는 외나무다리를 건넌다

기우뚱 외나무다리 아래 시냇물 위에 비친 제 모습을 들여다보며 그 얼굴은 이미 굳어 있었다

머리끝에서 발끝까지의 온몸이 쭈뼛 곤두서고 몸속의 뼈들은 제각기 제멋대로 튕겨져 나가려고 맹렬하게 발버둥 치고 있었다

'이렇게 박제되는 것은 싫어!'

그렇게 혼자만 먼 달나라에 머물러 있다가,

카메라 셔터가 터지는 그 짧은 순간의 빈틈에 첫사랑의 입맞춤 같은 노자의 도가도(道可道)를 생각했다

그리고 사진을 다 찍고 그 자세를 풀고 나니,

이내 도불가도(道不可道)라고 마음을 다시 고쳐먹었다

눈물 같은 노래

마주 보며,

두 손으로 아가를 하늘로 번쩍번쩍 들어 올릴 때마다

아가야, 너는 아느냐?

너의 눈웃음 같은, 옹알이 같은 그 애초의 소리를,

그 눈빛으로

까르륵까르륵 볼이 비눗방울처럼 터지는

한 움큼씩 한 움큼씩 하늘이 점점 더 커지는

터지고 커지면서

네가 간직하고 온 먼 별의 노래를, 눈물 같은 그 노래를 나에게 전해 주는

단풍이 오는 길

 하늘은 높아져 가고 그림자는 조금 더 길어졌네 매미 울음소리처럼 격렬했었던 한여름의 사랑은 어느새 아주 먼 이야기가 되었고 숲속에는 새소리들과 풀벌레 소리들 사이로 서늘한 고요가 스며들어 오네 다 놓아 버리고, 흘러가는 구름처럼 지나가는 바람처럼 다 놓아 버리고 나뭇잎들은 이제, 여기저기에서 온통, 높아져 가는 하늘만큼 조금 더 길어진 그림자만큼 붉게 혹은 노랗게 물들어 가네 나뭇잎들은 저마다의 표정(表情)으로 붉게 혹은 노랗게 물들어 가네 오, 스며든 그 고요의 노래일까?

 멋쩍게 서 있는 나무의 발목에 고여 있는 고독(孤獨)도 붉게 혹은 노랗게 물들어 가네

봄볕은 슬금슬금처럼

　어디서 오셨는지?는 뜰 안의 의자에 장승처럼 앉아서 봄볕을 내려 받고 있었다

　파란 하늘의 고요와 살랑거리는 바람과 함께, 누구신지?도 가만히 다가와 그 옆의 의자에 앉아 있었다

　나를 왜 밖으로 내보내셨는지?는 뒤늦게 와서는 한쪽 옆에 우두커니 서서 형식적으로 사무적으로 그들을 쳐다보고 있었다

　자리가 없었는지, 어디로 가시는지?는 힘들게 힘들게 그 자리를 떠나 흘러가시는데 그 그림자가 길게 늘어져 있었다

　나른한 듯 조는 듯

　나른한 듯 조는 듯

봄볕은 나른한 듯 조는 듯 슬금슬금처럼,

봄, 저 절대의

언제 이렇게 봄이 왔을까?

구순(九旬)의 노모(老母)는 한낮에도 자리보전하는 날이 많아졌었는데, 반듯하게 누워 의식의 끈을 다 놓아 버리지 않아도 천장을 쳐다보고 있는 것 같았으나 눈은 감고 있었는데, 천 근(千斤) 같은 세월을 등에 지고 이제 천 년(千年)의 길을 가는 것처럼 생각의 움직임은 아주 느려졌다지만 반복적으로 스며들다가 멀어지는 얕은 잠에도 주름진 볼에 머무는 구름은 가끔씩 한 번 또 한 번 흐느적거리기도 했었는데, 그러면 이제껏 까맣게 잊고 지내던 그 옛날의 산새들과 꽃들과 별들이 몰려오기도 했었다는데, 그것들을 휘어이―, 배냇짓처럼 잡을 듯 잡을 듯 손으로 휘저을 때마다 입 주위의 골짜기는 슬쩍슬쩍 환해지기도 했었는데, 귀 안쪽 깊숙한 곳에서 달빛 낮은 소리로 울고 있는 지난가을의 밤 귀뚜리들을 아직도 키우면서 번잡한 세상의 소리들은 아득하게 멀어졌다지만 의식의 뒤안길에서는 오랫동안 불어오던 바람도 잦아들고 고른 숨소리마

저 늦은 오후의 나른한 진공(眞空)에 가닿으면 오래된 신전(神殿)의 고요처럼 그 곁을 줄곧 웅크리고 숨죽이며 지켜보던 저 절대의 시간은 서둘러 찾아오는 저녁 어스름 속으로 스르르 빨려 들어가고 있었는데,

  언제 이렇게 봄은 가 버렸을까?

거리(距離)

봄은 왔지만 봄은 하루 종일 문안에만 나를 가두어 놓아요

봄은 아직 한겨울처럼 쓸쓸하고 냉담하고 완강해요

남쪽에서 올라온 바람은 문밖에서 그 봄의 문턱을 허물어 버리려고 애를 쓰고 있지만 닫혀 있는 문틈은 그 의지만큼 단단하게 내심(內心)을 여미고 있어서 빈틈이 없어요

창문을 통해 실내로 들어온 햇볕은 그 지극한 봄의 숨골을 벽에 걸려 있는 사각의 액자에 가두어 버리고 어떠한 직유(直喩)의 몸짓으로 불러내도 문밖으로 나갈 수가 없어요

그럴 리가 없어요, 햇볕과 함께 물결처럼 창문으로 환하게 흘러 들어오는 당신

그럴 리가 없어요, 문 안과 밖처럼 당신과 나 사이의 명

명(明明)한 그 거리(距離)

    창문 너머의 나목 한 그루는 하늘을 향해 의문 부호처럼 계속 그 봄의 물음을 던져 보지만 그 봄의 물음을 던져 보지만 그리움처럼 하늘은 넓고 높고 푸르기만 해요

아무 까닭도 없이

하루를 묶어 보았다

산길에 들어 울퉁불퉁하게 몸을 맡기다

겨울이더라

빈 나뭇가지에서 부는 겨울바람과 눈인사를 하고 차갑게 악수를 하다

쓸쓸해진 햇볕을 손바닥 위에 모아 놓기도 하고 아직도 서로 낯가림하는 겨울바람과 한동안 얼굴을 부비면서 어색하고 평범하게 어울리다

겨울은 맑고 푸르게 차가워지더라

겨울은 점점 더 깊고 깊게 겨울 속으로 흘러가더라

저물 무렵에는 빈 들판에 서서 긴 그림자와 잔설(殘雪)과 그 밑에 숨죽이고 있는 풀씨들과 함께 아무 까닭도 없이 그 하루를 푸르고 깊은 그리움처럼 흐린 너의 얼굴처럼 묶어 보았다

귀로(歸路)

　빗방울들이 KTX 기차 유리창의 앞에서 뒤로 수평으로 흐르네

　그는 앞으로 뛰어가네

　규칙적인 기차의 기계음과 차창에 부딪치는 빗소리가 뒤엉키며 아우성처럼 뛰어가네

　어리석고 서투르지만 작은 물이 흐르는 아주 조그만 시내를 지나가네

　푸른 들판을 지나가네

　제법 조금 더 큰 강을 건너가네

　숲을 지나 집들이 모여 있는 마을의 왁자지껄한 세상을 정신없이 온몸으로 건너가네

다시 산속으로 파묻히네

절망처럼 그 깊고 컴컴한 터널 속으로 파묻히네

적당한 보폭으로 뛰는 것처럼 일정한 간격의 전봇대들과 연결된 전깃줄이 함께 달려가네

철로 변의 나무들과 희미하게 멀어져 가는 기억(記憶)들, 그리고 그 사이 한없이 조그맣게 오그라든 죽음 하나가 가쁜 숨을 할딱거리며 함께 달려가네

이제 여행(旅行)처럼 빗소리도 저물었네

시간(時間)에 대하여

언제나 끝은 있기 마련이다

그는 간다 가끔씩 뒤돌아볼 때도 있지만 한순간도 되돌릴 수 없이 그는 그냥 뚜벅뚜벅 저 혼자 간다 가령 폐사지(廢寺址)에서처럼 비와 눈, 햇빛과 바람이 쓸쓸하게 쌓이고 흘러가는 것은 그의 또 다른 얼굴이다 그의 손길에 세월은 점점 더 퇴색하고 먼지가 쌓이고 이끼처럼 때가 끼기도 하고 그늘에 머물러 있다가 오랫동안 그 그늘을 만지고 있으면 그 그늘이 슬픔처럼 짙어지기도 하지만 어떨 때에는 존재(存在)처럼 금모래처럼 햇빛에 반짝거리기도 한다 그러나 그는 폐사지(廢寺址)에서처럼 쓸쓸하지만 혼자 그 모든 것을 끌어안고 안으로 품고 간직하고 또, 삭이고 낡아 가면서 언젠가는 소멸한다 결국 기억만 남아 그 기억으로 그는 완성된다

언제나 기억은 그 자리에 머물러 있다

오해(誤解)

 매미 울음소리가 몰려왔습니다 바람도 한 점 없고 숨이 턱턱 막히는 한낮의 지리한 폭염 속에서 나는 방바닥에 들어붙어 빈둥거리며 뒹굴고 있는데 매미 울음소리는 멀리에서부터 창문을 넘어 아주 맹렬하게 또는 한없이 길게 늘어지면서 외롭다, 외롭다는 된소리를 몰고 와 방 안 한가득 풀어놓았습니다 몰고 오다가 중간중간 사이의 허전하고 서러운 그 빈틈은 매미 울음소리처럼 또다시 한 무더기의 절망을 방 안으로 쏟아 놓았습니다

 그 절망의 끝에서 외롭다는 된소리는 그 여름을 견디고 온 눈물처럼, 가지가지의 끝마다 꽃망울이 붉게 매달린 배롱나무처럼 점점 더 붉디붉게 여물어 가고 나는 외롭다는 말에 약간의 오해가 있었다는 것을 이제야 깨달았습니다 그 지리한 폭염 속에서 그 여름의 매미 울음소리와 함께 붉디붉게 여물어 갔었던 그 외롭다는 말의 된소리는 이제 혼잣말처럼, 혼잣말처럼 나날이 맑게 투명하고 투명해지면서 저 혼자서 가을로 흘러들어 가고 있었습니다

우연이거나 찰나이거나

그대와 나, 우리는
풀꽃처럼
한 줄 시(詩)처럼

사무친다

우연이거나 찰나이거나

일부러

어둠 속에서

자꾸자꾸 내 안으로 흘러들어 오네요

둥글게 환해지네요

당신은 한 송이 꽃의 둥근 등불,

일부러

그 등불을 밤늦도록 밝혀 두네요

나는 '일부러'라는 외나무다리를 울퉁불퉁 멀고 먼 에움길처럼 건너가네요

3부

균형(均衡)

  입추(立秋)가 지나면서 숲에는 풀벌레 소리가 한층 높아졌다 그리고 가까운 곳에서는, 혹은 먼 곳에서는 아직도 뜨거운 뭉텅이 뭉텅이처럼 매미 소리가 나에게로 왔다 풀벌레 소리가 먼저 오고 매미 소리가 뒤쫓아 오기도 하고 매미 소리가 먼저 가고 풀벌레 소리가 뒤쫓아 가기도 하고 또 둘이 같이 오기도 했지만 둘은 오지 않는 약속처럼 멀뚱멀뚱 서로 한 몸으로 섞이지는 않았다 매미는 가는 여름을 서러워하고 풀벌레는 오는 가을을 재촉했지만 그러나 여전히 막중한 둘은 서두르지도 않고 결코 서로 밀어내지도 않았다 나뭇잎들 사이로 새어 드는 햇볕과 가늘게 지나가는 바람도 아직은 평평하면서 팽팽한 그 균형을 흔들지는 않았다

  지난여름 내내,
   나는 장마처럼 폭염처럼 나를 너무 몰아세웠다

또 하루를 일컬음

한겨울의 길을 나서다

한 무더기의 화살나무 옆에 키 크게 서 있는 산수유나무의 빈 가지에 대견하게 빼곡히 매달린 빨간 열매들과 시리고 어설픈 눈인사를 나누다

작은 숲으로 찾아오는 새소리와 낮게 어울리고 빼꼼 빼꼼 눈치를 살피며 이곳저곳으로 바쁘게 움직이는 한 마리 청설모에게 하루의 곁을 내어 주다

짙고 넓어진 응달을 지나가며 그 응달 속의 빙판길에서 한 번 미끌, 잠시 중심을 놓치기도 했지만 그 빙판길과 덧없는 한숨을 주고받다

아무도 찾아오지 않은 공원의 긴 나무의자에 앉아 수북이 쌓여 있는 햇볕의 침묵과 함께 한겨울의 맑고 투명한 휴식(休息)을 들고 오랜 시간 속으로 깊게 빨려 들어가다

또 하루를 일컬어 죽음처럼 놀다

내심(內心)

그이를 만나고 왔다

늦가을의 맑은 햇살이 먼저 와 있었다

그이는 먼 데 산을 한 번 쳐다보았고 나는 그이의 그림자를 지켜보았다

그이는 뒷짐 진 채 헛기침을 하면서 서 있었고 나는 그이의 집 강아지처럼 그이의 주변에 머물렀다

뒤늦게 나뭇잎 하나가 뜰 위로 떨어져 내렸다

뜰에 있는 나목(裸木)의 그 빈 가지에는 이미 꽃눈과 잎눈이 제법 모자라지 않게 매달려 있었다

겨울로 들어서는 길이었다

그이는 무청을 엮은 다발을 바람이 잘 다니는 그늘진 곳에 매달아 놓고 나를 향해 돌아보며 무어라 말을 하려다가 그냥 아무 말 없이 단순하게 새삼 눈인사를 건네고 있었다

겨울 강에서

겨울 강을 따라 무작정 걸었습니다

군데군데 잔설(殘雪)과 조그맣지만 단단하게 얼어붙은 웅덩이를 지났습니다

강폭은 점점 넓어져 갔습니다

잔잔하게 출렁이는 강물도 따라왔습니다

강변에 줄지어 서 있는 벌거벗은 나무들의 상념(想念)도 따라왔습니다

한겨울의 차갑고 매서운 강바람이 옷깃을 파고들었습니다

강물과 함께 흘러가는 강바람의 서럽고 서러운 노래가 비탄(悲歎)처럼 가슴속으로 파고들었습니다

강이 충분히 넓어졌을 때,

강이 충분히 깊어졌을 때,

강은 이제 다시 되돌아가라고 했습니다

물이 오른다는 것

물이 오른다는 것은
한겨울에도 눈물처럼 꾹꾹 눌러 참고 있었던 슬픔이 스며 나오는 것이다

아, 사랑아

세월은 속절없고

슬픔은 속절없고

지나가는 바람은 가던 길을 더 가지 못하고, 또 오늘 하루도 그 자리에서 끝내 고개를 떨구고 서 있는

한겨울의 붉은 동백(冬柏)은 슬픔의 꽃을 피우고, 또 그 슬픔을 뚝뚝 떨구고 서 있는

순명(順命) 1

가랑잎 하나, 적막한 거리를
바람이 부르는 대로
흘러간다
더 버릴 것은 허무뿐이다
페르소나여,

순명(順命) 2

메말라 가는군

평평해지는군

바람은 지나가다가 고요와 함께 그 자리에 멈춰 서 있는군

가벼움이여,

거미줄에 눈부시게 매달려 있었던 햇빛, 서서히 서서히 혹은 순간인가? 영원인가? 마침내 시간 밖으로 가는군

순명(順命) 3

 구순의 동이 할머니는 날마다 입을 실룩거리며 그렇지, 라고 말해요 이젠 몸져누워 앉지도 못하고 온종일 천장만 쳐다보고 있어도 내내 손으로 염주 알을 돌리는 것처럼 쉼 없고 편안한 호흡으로, 그리고 힘 안 들이고 건성건성 그렇지, 라고 남의 일처럼 너무 간단하게 말해요 너무 간단하게 말한다는 것은 다시 말해서 아주 어렵게 말한다는 뜻도 있기는 하지만 보태는 것도 없이 날마다 덜어 내고 내려놓아도 탱글탱글하지만 흐물흐물하게 삭혀져 속까지 모두 물러 버린 삼삼한 어리굴젓처럼 아주 오래된 습관처럼 그렇지, 그렇지, 라고 연거푸 중얼거려요

 어떨 때는 그렇지, 라는 말도 생략하고 당연하다는 듯이 입을 실룩거리며 빙긋이 웃기만 할 때도 있어요

 또 하루가 저문 가을밤, 뒤안길의 낙엽을 슬그머니 들썩이고 가는 갈바람 소리에 또다시 입을 실룩거리며 그렇지, 라고 낮게 읊조리듯 말하면서도 몸은 입가에 남아 있는 엷

은 미소만큼 나날이 가벼워지고 가벼워지는 것 같았으나 동이 할머니의 눈은 이제 점점 더 맑고 온통 투명해졌어요

순명(順命) 4

 밤이 깊어질수록 어둠 속의 달빛은 고요처럼 비밀스럽게 발소리까지 죽이고 까치발로 저 멀리 더듬어 갈 듯 사그라지듯 천천히, 아주 천천히 멀어져 가고 어둠은 시나브로 마지막 문장(文章)처럼 비어 있는 것처럼 바깥에 가닿은 것처럼 그 경계를 허물고 단순하지만 들숨과 날숨을 모두 닫고 고독하게 서 있는,

 정야(靜夜),

순명(順命) 5

   이른 봄부터 일 년 내내 속절없는 노래처럼 한 바퀴 돌고 나면 무심한 나무는 아무렇지도 않게 가슴 깊은 곳에 둥글게 웅크린 저녁의 자세로 퍼져 가는 고인 물의 파동 같은 나이테 하나를 새겨 넣지만,

   눈이 푹푹 내리는 깊은 겨울의 그 어느 날에는 무겁게 쌓인 그 눈과 제 스스로의 무게를 거두어들이고 마침내 우지직—, 안으로 삼켰던 옹이의 고요한 외침처럼 실재(實在)가 실재가 아닌 것처럼 설해목(雪害木)은 부러지네

첫눈

올까 말까
문밖에는 낙엽이 수북이 쌓였는데
살짝 바람이 들리고
그 바람이 보이고
회색 그득한 하늘 아래에서는
흩날리면서
사그락사그락
머무를 수 없는 첫사랑 덧니 같은

길을 가다

소낙비가 쏟아졌었던 여름 한낮, 빗방울이 촉촉한 상추 잎 위에서 천근만근 무거운 등짐 한 보따리를 짊어진 달팽이 거사(居士)는 느릿느릿 지금 어디로 가시는 것일까?

오랜 병상에 누워 있는 늦은 오후, 스며든 옅은 낮잠 속에서 보일 듯 말 듯 이을 듯 말 듯 새털구름 같은 미소가 입가에 번지는 구순 노모는 가볍게 가볍게 에헤야디야 지금 어디로 가시는 것일까?

눈길

어지러운 눈발 속의
푸른 꿈속의
눈길, 그리고
아스라이 멀어져 가는 가지런한 두 줄

홀로 조그맣게 숨죽이는 어둠의
좁다란 골목의
외등(外燈), 그리고
아스라이 흐려지는 달뜬 봄밤

숨길

울창한 숲 그늘,
한여름의 투명하고 서늘한 고요,
그 속에서
돌멩이처럼 웅크리고 앉아 있으면
밑도 끝도 없이
툭툭 차오르는 물컹물컹한
사모(思慕),
두어 번 기웃기웃 두리번거리다가
일어서서 서성이다가
불쑥
천년(千年) 속으로,
까마득한 억겁(億劫) 속으로,
꿈결처럼
있는 그대로의 그 처음처럼
축축하고 이끼가 잔뜩 낀
숨길,

흰

기찻길 옆
흰 집
너와 함께,
그 흰 집의 문을 여는 너와 함께,
흰,
날마다 그 흰빛 같은 싱싱한 새벽이 일어나는

푸른 밤하늘
별 하나
너에게,
오래 올려다보는 그 별 하나의 멀고 먼 너에게,
흰,
또다시 그 기적(汽笛) 같은 아득한 바람을 타고 떠나가는

그리고 아무 일도 아니다

1.

 허공에 고추잠자리 한 마리가 골똘하게 멈춰 서 있었다 그러다가 갑자기 시야에서 사라졌다 그 고추잠자리를 대여섯 살짜리 사내아이가 우두커니 쳐다보다가 허방 치듯 갈 길을 잃었다 아침부터 밤늦게 온다는 누이를 기다리고 있었다

 ─ 그리고 아무 일도 아니다

2.

 흐르는 강물처럼 광화문 네거리에는 수많은 사람들이 일렁이면서 제각기의 길을 서둘러 흘러가고 있었다 지하도를 건너는 하루는 숨이 가쁘게 떼밀려 흘러가는 듯 그 속도를 감당할 수 없었다 어느 맹인의 노래가 사람들의 발밑에서 허우적거리고 있었다

 ─ 그리고 아무 일도 아니다

3.

그 여름 내내 매미는 맹렬하게 울었다 너무 맹렬해서 너무 맹렬해서 오도 가도 못 했다 숨이 턱턱 막히는 더위 속에서 이 생은? 이 생은? 억울하다는 듯 내일은 없었다 그렇게 한 생을 소모하고 또 울었다

― 그리고 아무 일도 아니다

4.

나이가 들면서 하루하루가 조잡하다 세월만큼 쌓인 후회는 화려해지겠지만 나이 든 비굴함은 모르는 사람들 속에 숨어 있어야 왜 마음이 놓일까? 그 속에서도 길을 묻듯 아직도 놓지 못하는 후회가 있다 그 후회를 기억했다

― 그리고 아무 일도 아니다

5.

 마지막 기차는 떠나갔다 드문드문 몇 개의 흩날리는 눈발과 함께 이따금씩 한두 사람만을 내려놓고 가는 조그만 간이역에 방금 내린 그는, 낮고 서늘한 불빛의 대합실을 빠져나와 구부정 어깨를 잔뜩 움츠린 채 이 별이 잠시 머무는 기항지(寄港地)인 듯 꾹 눌러쓴 뒷모습의 모자(帽子) 하나로 어둠처럼 그 깊은 겨울 속으로 빨려 들어가고 있었다

— 그리고 아무 일도 아니다

망초

묵정밭에는 한 무더기의 망초가 선 채로 이제 막 꽃망울을 터트리기 시작하고 있었다

지나온 수많은 나날들이여

늦은 오후에는 한차례의 가는 비가 뿌리고 지나간, 맑게 씻은 푸른 하늘을 올려다보고 있었던 망초는 망초끼리 서로 기대고 부대끼고 부대끼면서도 쓸쓸한 하루처럼 사족(蛇足)처럼 한 사내의 긴 그림자처럼 지나가는 바람에, 지나가는 바람에 그리 무겁지도 가볍지도 않게 몸을 흔들었지만 가녀린 그 발목은 아직은 조금 젖어 있었다

봄바람은 돌고 돌아와

 봄바람은 봄의 새순들에게 연두(軟豆)의 맑음을 아낌없이 내어 주고 흐르는 물빛과 함께 반짝이며 출렁거리면서 서로 어울리네

 나는 봄바람을 타고 높은 하늘을 상념(想念)처럼 떠다니네

 봄의 틈이 열리네

 가없음이여

 이른 아침 숲 냄새, 새소리, 엊그제 봄비, 산모퉁이에 수줍게 서 있었던 진달래꽃의 여린 숨결, 돌아가신 아버지, 지난겨울 밤새 들판에 가만히 내려앉은 눈, 그 아래 땅속의 조그만 풀씨, 아주 먼 골짜기에 부는 가을바람, 별빛 서늘한 어둠, 어머니의 염불(念佛), 아이들의 소란함이 종일 넘쳐 나던 기찻길 옆 막다른 골목, 그 여름의 초저녁 외등(外

燈), 멀리 떠나가는 기적(汽笛) 소리, 그리고 시집간 누이,

　돌고 돌아와 다시 봄, 봄바람,

　봄바람은 봄의 노래처럼 흘러 흘러 저기 먼 산을 넘어가네

봄비의 은유

봄비가 왔네 가만가만 그냥 왔네 바람도 없네

날마다의 하루가 열리고 닫히는 것처럼, 스쳐 지나가고 지나가는 것처럼, 오늘의 연기(緣起)처럼,

세거나 약하지도 않게 내가 걸어가는 속도만큼

아가들의 옹알이만큼

공휴일의 오전 열한 시에서 정오로 넘어가는 시간만큼

슬픔이 잔잔하고 얇게 펴져 흐려지고 흐려져서 다시 슬픔의 싹을 틔울 만큼

그만큼의 여지(餘地)를 두고,

지저귀는 새소리와 점점 푸르르는 나뭇잎들은 맺힌 물

방울처럼 말갛게 맑고 투명해지고 받쳐 들고 가는 나의 우산도 씻은 듯 가벼워졌네 나는 조금 젖었었네

진달래꽃

 한적한 시골길의 모퉁이를 돌아서면 거기에서 불현듯 마주치는, 산 아래 길옆 한쪽에 연보랏빛으로 함초롬히 웃고 서 있는, 그래, 너였구나! 너는 아직도 거기에 서 있었구나! 가녀린 손을 흔들며 한동안 나를 바라보고 서 있는, 문득 겨울을 지나온 그 봄의 문(門)이 스르르 열리는 것처럼, 물이 차오르는 것처럼, 수줍게 하늘거리며 부풀어 올랐었던, 아주 오랫동안 잊고 지냈었던, 왠지 아득하게, 아득하고 오목하게 아려 오는,

해가 지려할 때

해가 지려할 때,
속이 텅 빈
둥근 저녁 종(鐘)소리처럼
너의 어두운 얼굴이
가다 말다
뒤돌아보다 뒤돌아보다
겨우 겨우
서산 위의 노을처럼 스러지고
흘러넘치는 땅거미가 나를 적실 때,

너는 언제나 그늘 속에서 뒤돌아보다 뒤돌아보다 스러지면서 그늘을 키우고 있었고 너의 어두운 얼굴도 나를 적시는 땅거미도 그 사이의 흐르는 세월도 그 그늘의 일부이다 오래된 사금파리처럼 고독처럼 저 혼자 기억(記憶) 속에 파묻혀 있다가 어떤 때에는 결국 조곤조곤 촉촉하게 젖어 버리는 그 그늘이 이제 조금씩 조금씩 어둠 속으로 스며들어 가면 저 멀리 서산 아래에서는 맺힌 속울음이 터지듯 불빛들이 하나씩 둘씩 켜지기 시작한다

그 어둠은 깊고 푸르다

1.

 요즘은 건강이 좋아 보이네요, 라고 환자로 내원한 그가 의사인 나에게 오늘 낮에 인사를 건넸었다 밤이 깊어 이제 길에는 귀가하는 인적도 끊긴, 몇 개의 가로등만이 밤길을 어슬렁거리고 있었고 나는 지금 벤치에 앉아 고층 아파트 빌딩 사이로 보이는 초여름의 밤하늘을 올려다본다 밤이슬은 이미 내리기 시작했고 마침내 그 어둠은 깊고 푸르다 잠시 눈 한 번 깜빡였었던 것 같은데 폭풍 같았다고 할 수는 없지만 이미 지나가 버린 세월처럼 좀스러운 것이 또 있을까? 그 인사에 당황한 나는 엉겁결에 바깥, 그 바깥은 어떤가요?, 라고 되물었었다

2.

 바람이 잦아드는 검은 골짜기에는 아직도 *한 아이가 살고 있다 오래된 소나무가 가지를 게으르게 늘어뜨리고 있고 서늘한 달빛이 어둠의 귀를 열면 바람은 허공에 몸을 기대고 잠들지 못하는 영혼을 풀잎 위에 낮게 누이는, 비어 있

음으로 무궁(無窮)처럼 풀벌레 소리가 하늘 끝에 가닿는,

태어날 때부터 눈처럼 흰 그의 눈썹에 대하여 생각한다

3.
폐사지(廢寺址)처럼
낡아질 수 있을까?

*노자(老子)

해설

현실과 공명하는 시적 세계의 가능성

남승원

(문학평론가)

1.

　주영만 시인의 세 번째 시집 『그리고 아무 일도 아니다』를 읽고 난 뒤, 시에 대한 그의 마음은 어디에서 비롯되었을까 곰곰이 생각해 보았다. 자연에서 비롯한 소재들을 즐겨 사용하고 있다거나, 관조적 시선을 통해 일상적 삶의 모습을 차분하면서도 깊이 있게 그리는 모습 등은 전통적 태도와 상당 부분 겹쳐 있다. 하지만 이 지점을 곧바로 주영만의 시적 특성으로 받아들이기 위해서라면 조금 근본적인 차원에서 이해의 길들을 짚어 볼 필요가 있을 듯하다.
　'전통'이라는 단어의 이해 범주는 일상에서 크게 어긋남 없이 사용된다고 볼 수 있다. 하지만, 이 시집을 읽고 난 독자들처럼 시 장르를 앞에 두었을 때라면 그것은 조금 다른 양상을 가질 수밖에 없다. 우리는 이미 '현대시'라는 범주를 시기 구분이 내포된 것으로 이해하고 있으며, 따라서 '고전'이나 '전통'에서 비롯한 가치들과 어느 정도는 변별적 지점에서 지금의 시들을 접하고 있기 때문이다. 특히, 식민지라는 상황에서 근대로의 진입을 경험하게 된 우리 시문학의 경우 그 시작점에서부터 전통과의 단절 의식을 현대시의 가장 기본적인 성립 조건으로 받아들였다.

우리 시의 현대성과 관련해서 가장 폭넓고 깊이 있는 탐구를 보여 준 이승훈의 경우 이와 같은 '단절'의 양상을 현대시의 특성으로 보면서 그 양상을 상세하게 분류하기도 했다. 그에 따르면 현대인들은 필연적으로 소외 현상을 경험할 수밖에 없고 따라서 시인들은 자연과 연속적 존재로서의 인간이라는 개념에서 벗어나 모든 사물의 본질에 존재하는 단절 그 자체를 표현할 수 있어야 한다는 것이다. 이를 받아들였을 때 시집 『그리고 아무 일도 아니다』에 두드러지게 드러나 있는 모습을 '전통적'이라고만 이해하는 것은 자칫 '현대성'을 갖지 못한, 그래서 부조리하고 비논리적인 현실 세계에 맞서는 힘과 거리를 두고 있다는 오해의 지점을 불러일으킬 수 있게 된다. 다음의 작품을 읽어 보자.

그는 늘 창밖에 있었다

나는 고독처럼 겨울처럼 창 안에 갇혀 있었다

묵화(墨畵)처럼

소리는 없고 풍경(風景)만 흐르는 창밖,

나는 동면(冬眠)처럼 고요하고 묵정밭처럼 길고 긴 황량한 겨울을 흘려보내다가

고요하고 길고 긴 황량한 그 겨울을 흘려보내다가

오늘 아침에는

봄처럼 봄 청소를 하는 것처럼 창문을 활짝 열어젖혔다

스멀스멀 움직이는 이 아침,

넘실넘실 움직이는 이 아침,

경쾌한 바람과 함께 그의 소리가 들려왔다

완만하지만 즐거운 탄력이다
―「입춘(立春)」 전문.

먼저 전반적인 시적 정황은 '창'을 기준으로 분리된 두 시공간을 통해서 만들어지고 있다. 제목을 통해서 직접적으로 유추할 수 있듯, "창밖"으로는 봄의 시작이 예고되어 있으며 이와 대조적으로 "나는 고독처럼 겨울처럼 창 안에 갇"힌 채 아직 봄을 맞을 준비가 되어 있지 않은 모습을 보여 준다. 독자로서는 대립적인 계절이라는 현실적 모습 그대로도, 또 화자를 중심으로 한 개인의 내면적 갈등이라는 보편적 공감의 영역으로도 이를 비교적 쉽게 받아들이게 된다. 나아가 이 같은 대립적 상황이 "창문을 활짝 열어젖"히는 화자의 역동적인 행위를 통해 시적 전환이 이루어지면서 결국에는 "봄"을 맞는 일의 극적 의미가 성공적으로 강조되고 있음은 물론이다. 다음의 작품을 같이 두고 이 같은 시적 구조를 좀 더 확인해 보기로 하자.

2.
조촐하게 웃네
조각달처럼 그이는 이 봄의 바깥에서 조촐하게 웃네
골짜기의 물길을 따라 떠내려온
마른 잎처럼
또 오시는데
그 바깥의 그이는 또 오시는데
산처럼 눈물처럼 맑게 들뜬 봄빛,

또 가시는가?

젖은 발을 툭툭 털고 희미하게 밝아 오는 먹과 흰 새벽,

—「새벽」부분.

"새벽"의 시간에 주목하고 있는 이 작품은 앞서 「입춘」에서 살펴본 시적 구조와 많은 유사성을 가지고 있다. 먼저 '새벽'은 '빛-아침'과 '어둠-저녁'의 대립적 이미지를 가지고 있는 시간적 배경인데, "또 가시는가?"는 물음이 인용되지 않은 앞부분에서의 "또 오시는가?"라는 구절과 연결되면서 시간의 대립적 성격이 보다 선명하게 제시되고 있다. 나아가 이는 다시 "포구"라는 공간적 배경과 겹쳐져 있는데, 이로 인해 배가 항상 드나들 수밖에 없는 '포구'라는 장소의 특성과도 자연스럽게 확장된다. 따라서 시인이 '새벽 포구'라는 시공간에 주목하고 있는 것은 결국 기쁨과 슬픔, 만남과 헤어짐이 교차하는 인생의 단면을 드러내는 보편적 의미의 영역에 도달하기 위해서라고 할 수 있다.

「입춘」과 「새벽」에서 확인해 보았듯 시인이 작품을 통해서 전달하고자 하는 의미를 소통시키는 전제는 바로 자연과 인간의 연속성에 대한 믿음이라고 할 수 있다. 단순한 계절적 배경으로서의 겨울이 곧 그 속을 살아가는 인간의 내면에 "고독"감을 형성하는 원인이 되거나 또는 봄의 전환이 곧 새로운 활력을 불러일으키는 계기가 되는 것(「입춘」),

그리고 밤과 어둠이 교차하는 하루의 시간이 곧 인생의 흐름과 동일하게 받아들여지는 것(「새벽」) 모두는 그와 같은 믿음으로 인해 가능하다. 주영만의 시적 관점은 이처럼 세계와의 연속성이라는 시적 전통에 뿌리를 내리고 있다.

하지만 주영만이 보여 주고 있는 시적 전통이 그저 관습적인 것은 아니라는 사실이 중요하다. 자연물에서 비롯한 소재들을 폭넓게 사용하거나, 일상의 순간들에 눈을 돌리지 않고 포착해 내는 그의 시적 특징들은 누구보다도 더 현실에 대한 세밀한 관찰을 바탕으로 하고 있기 때문이다. 그렇다면 가장 눈여겨보아야 할 점은 위에서 인용한 두 작품 모두에서 공통적으로 '수묵화'와 깊이 연관되어 있는 가치 판단이 등장하고 있다는 사실이다. 시인은 「입춘」에서 '봄'을 상징하고 있는 창밖의 현실을 가리키면서 "묵화(墨畵)"라고 표현하고 있으며, 「새벽」에서도 어둠과 빛이 교차하는 여명의 장면을 두고 "먹과 흰 새벽"이 다가온다고 말한다. 잘 알고 있는 것처럼, 수묵화는 단일한 색의 농도만으로 모든 것을 표현하는 한편 표현의 불가능한 지점들을 여백이라는 형태로 둠으로써 포괄적 의미망 안으로 감상자들을 보다 적극적으로 끌어들이는 특유의 양식이다. 따라서 일상적 모습을 두고 '수묵화'로 바라보는 시인의 인식은 단순히 전통의 기법을 떠올리게 만드는 것을 넘어 현실적 논리 안에 숨겨져 있던 농담(濃淡)을 표출시킴으로써 독자들을 보다 적극적으로 끌어들이는 데에 이른다. 전통적 기법과 표현을 사용하는 동시에 지금 현실의 순간들로 독자들을 참여시키는 가능성을 부여하기 위한 노력들이 바로 시집 『그리고 아무 일도 아니다』를 통해 강조되어야 할 주영만 시인의 특징적 세계관이라고 할 수 있다.

2.

지금의 현실을 바라보면서도 전통적 세계관을 통해 독자 참여의 공간을 확보하는 주영만의 시선이 가장 오래 머물게 되는 것은 우리 삶의 모습이라고 할 수 있다. 누구에게나 동일하게 주어진 시간이지만 그 속을 살아가는 각자의 인생은 저마다의 행복과 고통으로 서로 다른 방식으로 펼쳐져 있기 때문이다. 마치 다중 우주의 세계처럼, 유사성에 기반을 두고 있지 않으면서도 미세한 결절점들로 연결되어 있는 인간 삶에 대한 관심은 주영만에게는 어쩌면 당연한 일이다.

가을이 되니 풀벌레 소리들은 문득 평범해지네 햇살은 여름보다 얇게 펴져 평범해지네 구름 한 점 없는 하늘은 투명하고 푸르게 높이 올라가 평범해지네 나뭇잎들이 나날이 점점 더 붉게 혹은 노랗게 단풍으로 물들어 가는 것은 해 질 녘의 붉게 달아오른 노을처럼 평범해지고 싶은 간절한 마음, 죽음은 평범으로 이르는 길이네 몇몇 마음이 급한 나뭇잎들은 이미 뒤안길에 떨어져서 평범해지네

평평해지게나 부서지게나

바람은 아무 일도 없다는 듯이 봄 여름 가을 겨울을 지나 평범해지네

—「평범(平凡)해진다는 것」 전문.

자신만의 관점으로 삶을 바라보고 있는 시들은 시집 전체에 걸쳐 찾아볼 수 있는데, 이 작품에는 시인의 태도가 잘 드러나 있다. 시인은 먼저 '가을'에 초점을 두고 인생의 시간 전체를 통시적 차원으로 바라보고 있다. 여기에서 특징적인 것은 그 시간의 여정에서 경험하게 되는 모든 삶의 순간들이 "평범해지"는 데에 수렴하고 있다는 사실이다. 삶의 완숙기라 할 수 있는 시간에 이르러 그간 이해할 수 없었던 현실적 논리들에 대한 깨달음의 순간을 보는 일은 그리 낯설지 않다. 다만 시인의 경우 "풀벌레 소리"나 "햇살"을 비롯해서 "나뭇잎들이 (……) 단풍으로 물들어 가는 것"까지 변화를 거듭하는 세계의 움직임들에 대해서 "평범"하다는 판단을 내리고 있다. "죽음"에 이르기까지 말

이다. 이는 자신의 특정한 깨달음이나 의미를 전달하기 위한 것이기보다 삶에 대한 관찰을 통해서 도달한 의미 영역을 독자와 자유롭게 공유하고자 하는 의도로 볼 수 있다.

이는 시인의 판단이 '평평하다'는 진술과 결부되면서 더욱 뚜렷해진다. 시인이 표기해 둔 것처럼 페르시아 출신의 신비주의 시인 루미의 작품에서 비롯된 구절이다. 루미의 시가 죽음과 가까운 인생의 시간을 '가을'로 설정하는 등 「평범(平凡)해진다는 것」은 상당 부분 친연성을 가지고 있다. 그런데 루미의 작품에서 '가을'은 시간적 상징뿐만 아니라 만물의 긍정적인 이면에는 사실 고난과 고통이 숨겨져 있다는 사실을 깨달아야 한다는 삶의 태도이기도 하다. 따라서 현상만을 바라보면서 내리는 판단들에 자신하지 말고 겸손함을 가져야 한다는 깨달음을 전하고 있다. 이때 루미가 강조하는 태도가 바로 "평평하다"는 것이고, 바로 그것이 「평범(平凡)해진다는 것」을 통해 드러난 시인의 관점과 고스란히 겹쳐지고 있는 것이다.

「벤치와 겨울 햇볕」과 같은 작품에서도 빠르게 지나가는 삶의 시간을 바라보면서 역시 "평평하"다고 말하는 것에서 알 수 있듯, '평평함'에 대한 인식은 시집 『그리고 아무 일도 아니다』를 관통하는 핵심이라고 할 수 있다. 그리고 앞서 삶을 바라보는 주영만의 특징으로 언급한 것처럼, 이는 결국 자신이 그리고 있는 시적 정황의 주체로서 시적 의미를 일방향적으로 전달하기보다 '평평한' 의미 공간 안으로 독자들을 끌어들이는 역할을 수행한다.

어두워지면서 창문으로 밀물처럼 어둠이 흘러들어 온다 밀물처럼 어둠이 흘러들어 온다 오, 캄캄한 어둠이다 드디어 안도 바깥도 없다 안은 바깥이고 바깥은 안이다

마주침처럼

하나의 순간처럼

죽음처럼

아득히 멀고 먼 하늘의 작고 희미한 별 하나가 캄캄한 어둠 속에서 조그만 돌멩이처럼 첫울음처럼 바람처럼 문득 홀로 서 있는 그를 가늘게 눈을 뜨고 내려다보고 있었다
—「안과 바깥 6 - 안은 바깥이고 바깥은 안이다」 전문.

1부의 마지막에 배치되어 있는 여섯 편의 「안과 바깥」 연작시들 역시 이와 같은 시인의 특징을 잘 보여 주고 있다. 인생의 여정을 걷는 것에 비유하고 있는 연작의 첫 작품에서 시인은 "안에서 바깥으로" 걷는다고 말함으로써 시

간과 거리의 감각을 겹쳐 둔다. 연작의 네 번째 작품 「안과 바깥 4-망각(忘却)」에서도 이와 유사하게 "강을 다 건너"는 모습을 통해 살아온 "세월"을 표현하고 있다. 하지만 보통 '안으로 들어간다'고 말하는 일상적 인식과는 달리 이어지는 구절에서 "안에서 바깥으로 들어가는 길"이라는 언급을 통해 결국 인생의 시간과 겹쳐진 '안과 밖'의 구분 자체를 무화하는 데로 나아간다. 인용한 작품에 이르면 결국 "안은 바깥이고 바깥은 안"으로 인식을 보여 준다. 특히 시인은 "드디어"라고 강조하면서 순간의 깨달음보다 인식에 도달하는 과정을 역설하고 있는데, 이 또한 시적 인식의 과정 그 자체에 독자들의 참여를 가능하도록 만들기 위한 의도라고 할 수 있다. 즉, 현실의 수면 위로 드러난 삶의 모습과 그 이면에 존재하는 것들을 관통하면서 시인은 하나의 '평평한' 차원을 만들어 내고 있는 것이다.

3.

우리의 시적 전통에서 삶에 대한 관조가 시인의 주관적 깨달음에 초점을 맞추고 있다면, 주영만의 시선은 그와 다르게 개별적 삶의 모습을 적극적으로 포괄하고 있다. 언뜻 불가능하게 여겨지기도 하는 이와 같은 시인의 태도는 무엇보다도 평범한 일상에 대한 깊은 애정과 신뢰에서 비롯한다.

  구순의 동이 할머니는 날마다 입을 실룩거리며 그렇지, 라고 말해요 이젠 몸져누워 앉지도 못하고 온종일 천장만 쳐다보고 있어도 내내 손으로 염주 알을 돌리는 것처럼 쉼 없고 편안한 호흡으로, 그리고 힘 안 들이고 건성건성 그렇지, 라고 남의 일처럼 너무 간단하게 말해요 너무 간단하게 말한다는 것은 다시 말해서 아주 어렵게 말한다는 뜻도 있기는 하지만 보태는 것도 없이 날마다 덜어 내고 내려놓아도 탱글탱글하지만 흐물흐물하게 삭혀져 속까지 모두 물러 버린 삼삼한 어리굴젓처럼 아주 오래된 습관처럼 그렇지, 그렇지, 라고 연거푸 중얼거려요

  어떨 때는 그렇지, 라는 말도 생략하고 당연하다는 듯이 입을 실룩거리며 빙긋이 웃기만 할 때도 있어요

  또 하루가 저문 가을밤, 뒤안길의 낙엽을 슬그머니 들썩이고 가는 갈바람 소리에 또다시 입을 실룩거리며 그렇지, 라고 낮게 읊조리듯 말하면서도 몸은 입가에 남아 있는 옅은 미소만큼 나날이 가벼워지고 가벼워지는 것 같았으나 동이 할머니의 눈은 이제 점점 더 맑고 온통 투명해졌어요

—「순명(順命) 3」 전문.

  시집 『그리고 아무 일도 아니다』에서 가장 아름다운 작

품 중의 하나이다. 그렇다면 이 작품을 통해 느끼게 되는 아름다움의 근원은 어디에서 비롯하는 것일까. 전반적인 시적 정황 자체를 이해하기는 어렵지 않다. "구순"이라는 나이의 "할머니"가 주인공으로 되어 있는데, 나이가 든 인물의 단순한 습관이라고 할 수 있는 "그렇지"라는 말투가 사용되고 있는 여러 상황들을 구체적으로 그려 나가고 있다. 이 과정에서 시의 핵심적 의미는 자연스럽게 성립하게 된다. "그렇지"라는 말이 어떤 문제에 대해서 "남의 일처럼 너무 간단하게" 판단하고 "건성건성" 대답하는 것에 불과해 보이지만, "아주 오래된" 삶의 시간을 통해 나온 결과물이라는 사실이 드러나게 되면서부터 말이다. 결국 '그렇지'는 발화된 기표 이면에 존재하는 심층적 의미의 영역을 작품 전체로 확산시키게 되는데, 그 과정에 독자들이 적극적으로 참여하게 되면서 주영만 특유의 미적 쾌감이 전달되는 것이다.

  이 작품은 역시 5편의 연작시 중 하나인데 그중 「순명 2」에서는 이와 같은 시적 의미를 두고 다시 한 번 "평평해"진다고 말한 표현을 확인할 수 있다. 앞선 언급을 반복해 보자면, 이를 통해 현상과 이면을 관통하는 시인의 시선 안으로 흩어져 있던 개별적 삶의 모습들이 응집되는 것이다. 이와 같은 태도는 일찍이 영원성을 추구하고자 했던 서정주 시인이 만년에 이르러 자신이 직접 경험한 일상의 세세한 모습들을 신화적 감각으로 그려 내고자 한 것과 동일한 문제의식으로 이해하는 것이 좋을 것이다. 이를 통해 서정주가 토속적 세계를 조금도 벗어나지 않은 채로 영원성을 획득하는 것이 가능했던 것처럼, 주영만 또한 세밀한 관찰을 통해 포착한 평범한 일상의 장면 위로 무수한 개별적 삶의 모습을 겹쳐 나감으로써 시적 의미망을 확산시켜 나간다.

1.
허공에 고추잠자리 한 마리가 골똘하게 멈춰 서 있었다 그러다가 갑자기 시야에서 사라졌다 그 고추잠자리를 대여섯 살짜리 사내아이가 우두커니 쳐다보다가 허방 치듯 갈 길을 잃었다 아침부터 밤늦게 온다는 누이를 기다리고 있었

― 그리고 아무 일도 아니다

2.
흐르는 강물처럼 광화문 네거리에는 수많은 사람들이 일렁이면서 제각기의 길을 서둘러 흘러가고 있었다 지하도를 건너는 하루는 숨이 가쁘게 떼밀려 흘러가는 듯 그 속도를 감당할 수 없었다 어느 맹인의 노래가 사람들의 발밑에서 허우적거리고 있었다

― 그리고 아무 일도 아니다
―「그리고 아무 일도 아니다」 부분.

서정주가 보여 준 '신화적 일상'의 모습과 친연성을 통해 주영만의 시적 세계를 이해해 보았을 때 가장 특징적인 작품이라고 할 수 있다. 앞서 「순명 3」에서 시적 주인공의 반복되는 말이 마치 주문(呪文)의 기능처럼 발화자를 비롯해서 청자를 포괄하고 있었다면, 이 작품의 경우 "그리고 아무 일도 아니다"는 한 문장이 독립된 행으로 반복되면서 보다 구조적 차원에서 이를 실현하고 있다. 이와 동시에 의미적 기능을 수행하고 있는 양상을 살펴보자면, 먼저 인용된 첫 부분의 경우 유년 시절의 강렬한 기억을 다루고 있다. 어릴 때의 놀이가 그렇듯 "고추잠자리" 잡기는 낮은 실현 가능성으로 인해 동일한 행위를 반복하게 만드는 과정이 곧 놀이의 원동력이라고 할 수 있다. 전혀 실현성이 없는 것은 아니지만, 특정한 능력보다는 행운이 더 많이 작용되기에 놀이를 하는 사람으로서는 행위를 지속해 나갈 수밖에 없게 된다. 그런데 이 '잠자리 잡기 놀이'는 고스란히 "누이를 기다리"는 것과 겹쳐지게 되면서, 사랑하는 대상이 돌아오기를 언제까지나 기다리는 간절함으로 확장된다. 인용된 다른 부분을 비롯해서 작품 전체의 구성은 이와 다르지 않게 진행된다. 두 번째 부분에서는 타인을 신경 쓰지 못하고 바쁘게만 살아가는 도시인의 일상이 등장하고 이내 그로 인해 현실 이면에 존재하고 있지만 결국 소외되고 마는 "어느 맹인의 노래"소리가 겹쳐지거나 하는 방식처럼 말이다.

　중요한 것은 "그리고 아무 일도 아니다"를 통해 이와 같은 의미들이 다루어지는 방식이다. 이 구절은 구성적으로는 앞 연의 진술 내용이나 의미를 부정하거나 또는 무화시키고 있는데, 실제 작품을 읽어 나가는 독자들로서는 앞선 내용들을 다시 한 번 읽어 보게 만든다. 따라서 오히려 앞선 내용이 강조되는 반어적 기능으로 받아들이게 되는데, 가령 첫 부분의 '누나를 향한 그리움'이란 그 어떤 것과도 비교할 수 없이 강렬한 내면의 충격으로 인식시킨다. 하지만 이처럼 내용을 보다 강하게 전달하는 동시에 '아무 일도 아니다'는 반복적 진술은 곧 위로를 전달하는 것으로도 기능한다. 특히 이 위로는 시적 주인공에게도 물론이지만, 궁극적으로는 반복적 읽기를 통해 받아들일 수밖에 없는 독자를 향하게 된다. 그리고 이를 통해 시에서 다루는 일상의 모습들은 작품 내부를 넘어 독자와 직접 소통의 영역으로 확장되기에 이른다.

　시집 『그리고 아무 일도 아니다』를 통해서 주영만이 보여 주는 세계는 이처럼 우리 일상의 모습을 받아들임으로써 완성을 지향해 간다. 우리에게는 친숙한 전통의 모습에서 크게 벗어나지 않으면서도 그의 작품이 시인의 주관적 세계관에 갇히지 않고 현실을 살아가고 있는 독자들과 공명(共鳴)하는 이유가 여기에 있다. 시인이 "스러지면서 가만히 조응(調應)하는/ 먼지"로 자신의 창작적 태도를 표현하고 있는 것처럼, 결국 주영만의 시는 독자들과 가장 가까운 곳에서 "죽음처럼, 혹은 처음처럼"(「먼지처럼」) 존재하고 있을 것이다.

그리고 아무 일도 아니다

초판 1쇄 발행 2024년 8월 21일

지은이 주영만
펴낸이 이계섭
책임편집 박찬세

펴낸곳 (주)백조
주소 경기도 화성시 남여울3길 19 201호
출판등록 2020년 8월 14일
전화 031—8015—0705
팩스 031—8015—0704
E—mail baekjo1120@daum.net

값 12,000원 ISBN 979-11-91948-23-3(04810)

*이 책 내용의 전부 또는 일부를 재사용하려면 반드시
지은이와 출판사의 동의를 얻어야 합니다.